Pebble® Plus
Bilingüe/ Bilingual

La salud y tu cuerpo/Health and Your Body

El ciclo de tu vida

The Cycle of Your Life

por/by Rebecca Weber

CAPSTONE PRESS
a capstone imprint

Pebble Plus is published by Capstone Press,
151 Good Counsel Drive, P.O. Box 669, Mankato, Minnesota 56002.
www.capstonepub.com

Books published by Capstone Press are manufactured with paper
containing at least 10 percent post-consumer waste.

Library of Congress Cataloging-in-Publication Data
Weber, Rebecca.
 [Cycle of your life. Spanish & English]
 El ciclo de tu vida = The cycle of your life / por Rebecca Weber.
 p. cm.—(Pebble plus bilingüe. La salud y tu cuerpo = Pebble plus bilingual. Health and your body)
 Summary: "Simple text and color photographs illustrate the human life cycle—in both English and
Spanish"—Provided by publisher.
 Includes index.
 ISBN 978-1-4296-6894-1 (library binding)
 1. Life cycle, Human—Juvenile literature. I. Title. II. Title: Cycle of your life.
 QP83.8.W43218 2012
 612.6—dc22   2011000618

Editorial Credits
Gillia Olson, editor; Strictly Spanish, translation services; Veronica Correia, designer; Danielle Ceminsky,
    bilingual book designer; Svetlana Zhurkin, media researcher; Laura Manthe, production specialist

Photo Credits
BananaStock, 4–5
Shutterstock: HannaMonika, 21; Igor Sokolov, 12–13; Jenny Mie Lau King, 10–11; Monkey Business Images, cover,
    14–15, 16–17, 18–19; Trevor Kelly, 20; zulufoto, 1
Visuals Unlimited: Dr. David Phillips, 6–7; Ralph Hutchings, 8–9

Note to Parents and Teachers

The La salud y tu cuerpo/Health and Your Body series supports national standards related to
health and physical education. This book describes and illustrates the human life cycle in both
English and Spanish. The images support early readers in understanding the text. The repetition
of words and phrases helps early readers learn new words. This book also introduces early readers
to subject-specific vocabulary words, which are defined in the Glossary section. Early readers
may need assistance to read some words and to use the Table of Contents, Glossary, Internet
Sites, and Index sections of the book.

Printed in the United States of America in North Mankato, Minnesota.
032011
006110CGF11

Table of Contents

Tabla de contenidos

Here You Are!

Everything that is alive on Earth is part of a life cycle. A cycle happens over and over. You are part of a life cycle too.

¡Aquí estás!

Todo lo que tiene vida en la Tierra es parte de un ciclo de vida. Un ciclo ocurre una y otra vez. Tú también eres parte de un ciclo de vida.

The Cycle Begins

A life cycle begins with one egg cell in a woman's body. Sperm from a man meets with the egg cell to form a zygote. The zygote splits into two cells.

El ciclo comienza

Un ciclo de vida comienza con un óvulo en el cuerpo de una mujer. El esperma de un hombre se encuentra con el óvulo para formar un cigoto. El cigoto se divide en dos células.

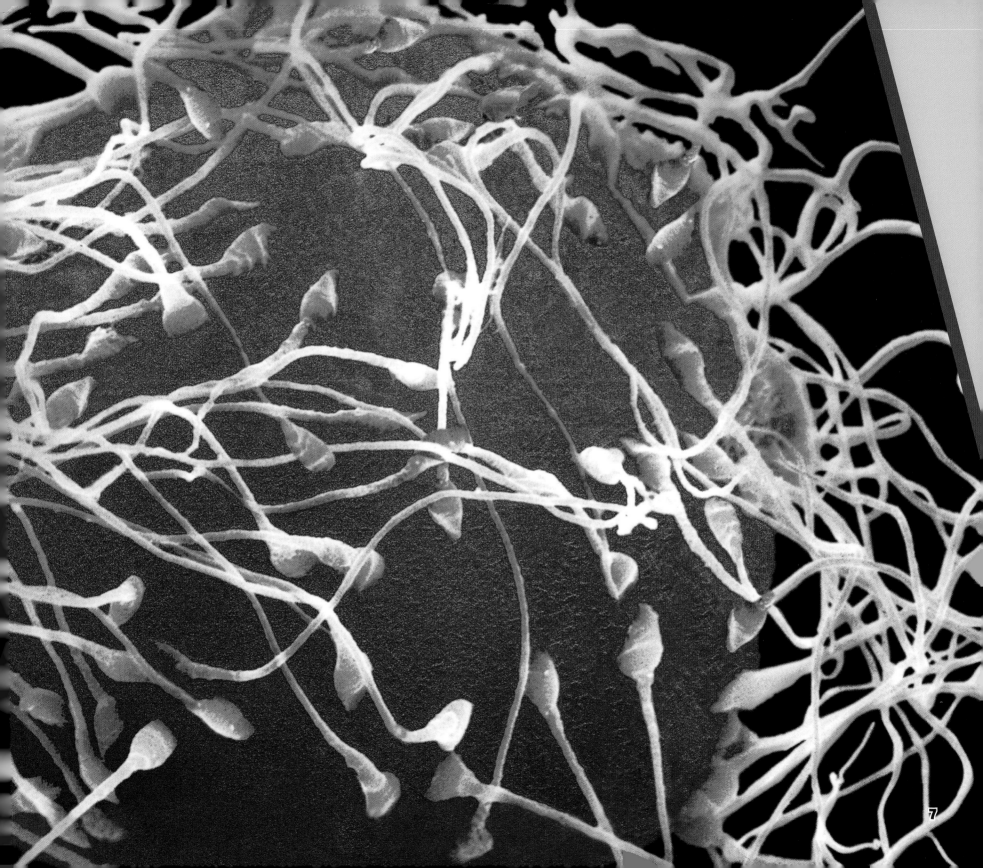

The cells keep splitting. In four weeks, the cells are an embryo. The embryo grows body parts and organs. After eight weeks, the embryo is called a fetus.

Las células siguen dividiéndose. En cuatro semanas, las células son un embrión. El embrión crece partes del cuerpo y órganos. Después de ocho semanas, el embrión se llama feto.

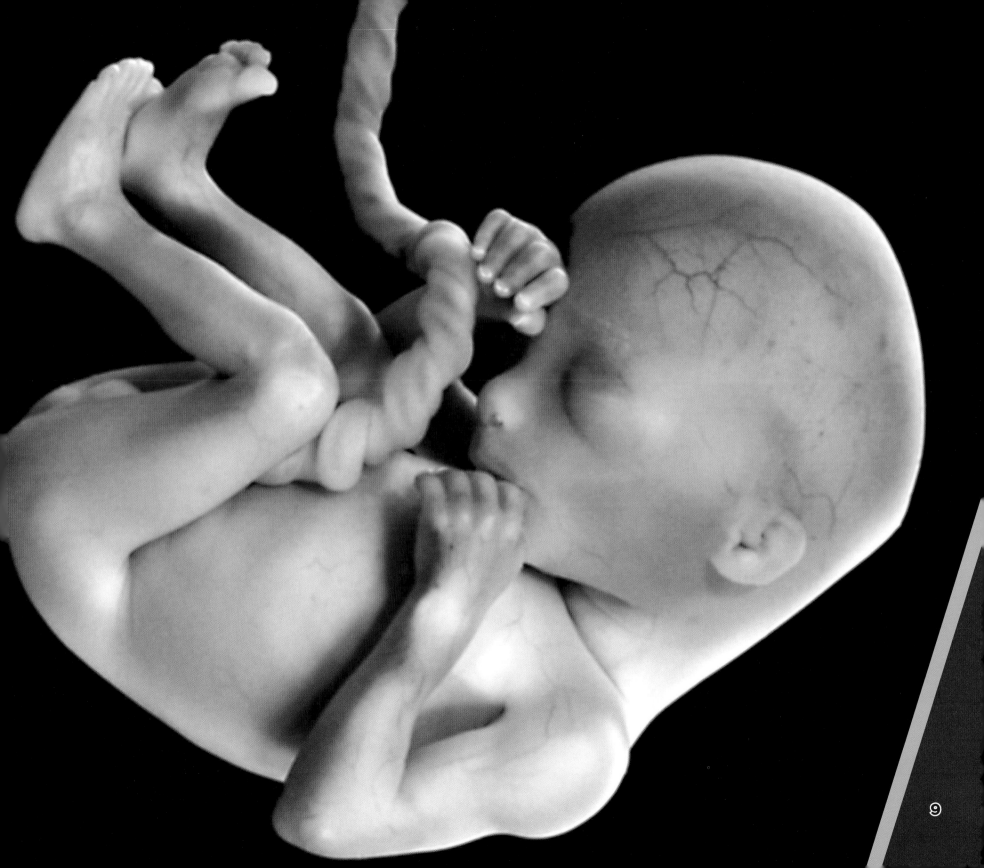

9

Birth

In about 38 weeks, the fetus is big enough to be born. A baby needs its parents for everything. It cannot feed or clean itself.

Nacimiento

En alrededor de 38 semanas, el feto es lo suficientemente grande para nacer. Un bebé necesita a sus padres para todo. No se puede alimentar o limpiar solo.

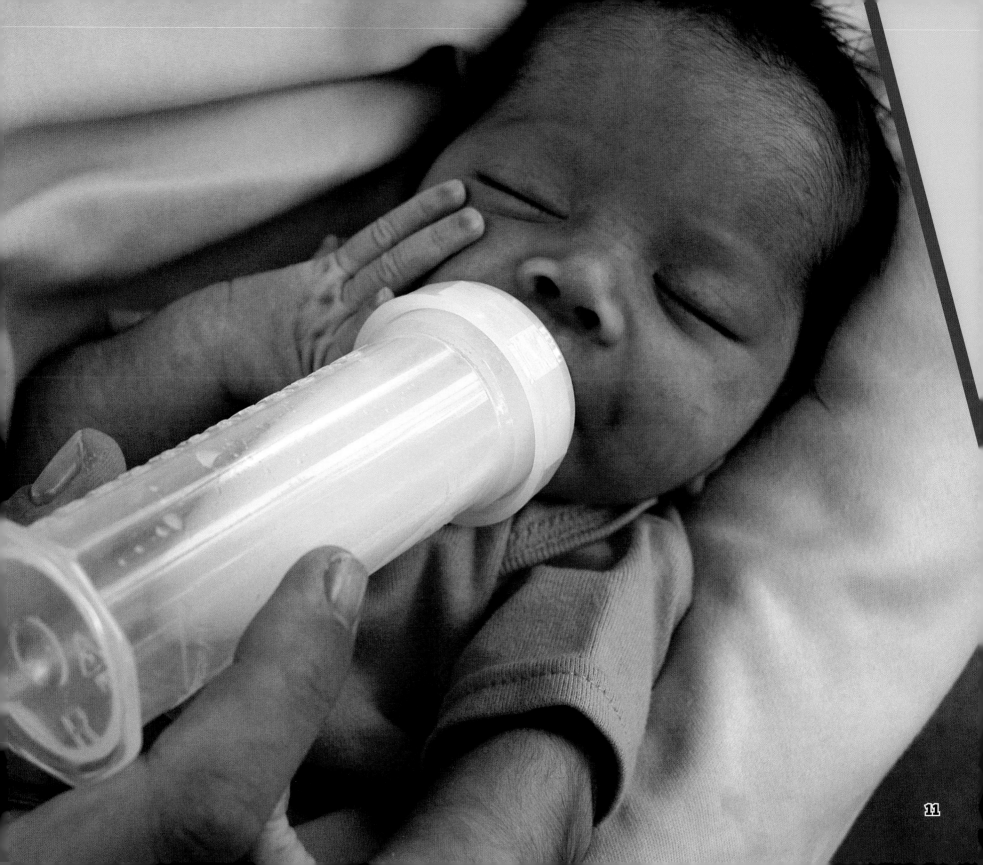

A baby grows into a toddler.

It learns to walk and talk.

From ages 2 until 11, a child

grows bigger and stronger.

Un bebé crece hasta ser un niño

pequeño. Aprende a caminar y a

hablar. Entre los 2 y 11 años,

un niño crece grande y fuerte.

Growing Up

Next, a child reaches puberty. Humans grow to their full size from about ages 12 to 18. The body also prepares itself to make babies.

Crecimiento

Más adelante, un niño llega a la pubertad. Los humanos crecen a su tamaño completo entre los 12 y 18 años. El cuerpo también se prepara para hacer bebés.

Next, a person becomes an adult. Many adults start families. An adult has a child. Then the human life cycle starts over again.

Luego, una persona se convierte en adulto. Muchos adultos empiezan familias. Un adulto tiene un hijo. Luego el ciclo de vida humano comienza nuevamente.

In the End

A person's life cycle ends when the person dies. Still, the life cycle goes on with the person's children and grandchildren.

Al final

El ciclo de vida de una persona termina cuando la persona muere. Aún, el ciclo de vida de la persona continúa con los hijos y nietos de la persona.

Fun Facts/Datos divertidos

- Most people in the United States live 77 years. The oldest person in the world lived 122 years!

  La mayoría de la gente en Estados Unidos vive 77 años. ¡La persona más vieja en el mundo vivió 122 años!

- All animals begin as eggs. Birds and reptiles lay their eggs. Then the baby animal hatches. Mammals, including people, have eggs that grow inside the female's body.

  Todos los animales comienzan como huevos. Las aves y los reptiles ponen huevos. Luego el bebé animal sale del cascarón. Los mamíferos, incluyendo gente, tienen huevos que crecen dentro del cuerpo de la hembra.

- In the United States, a baby is born about every seven seconds.

  En Estados Unidos, un bebé nace alrededor de cada siete segundos.

- During puberty, a body grows fast. Some kids grow as much as 4 inches (10 centimeters) in a year!

  Durante la pubertad, el cuerpo crece rápido. ¡Algunos niños crecen hasta 4 pulgadas (10 centímetros) en un año!

- Babies are born with about 300 bones. Some bones join together as babies grow. Adults have 206 bones.

  Los bebés nacen con alrededor de 300 huesos. Algunos huesos se unen al crecer el bebé. Los adultos tienen 206 huesos.

Glossary

cell—the smallest building block of any living thing

embryo—a baby after the zygote stage and before the fetus stage of development; embryos are less than 8 weeks old

fetus—a baby before it is born after 8 weeks of age when organs are developed

puberty—the time when a person's body changes from a child's to an adult's

sperm—a cell from a male that can join with a female's egg to make a baby

zygote—a cell formed when an egg and a sperm cell join together

Internet Sites

FactHound offers a safe, fun way to find Internet sites related to this book. All of the sites on FactHound have been researched by our staff.

Here's all you do:

Visit *www.facthound.com*

Type in this code: 9781429668941

Check out projects, games and lots more at
www.capstonekids.com

Glosario

la célula—el componente esencial de cualquier ser viviente

el cigoto—una célula formada cuando se unen un óvulo y un esperma

el embrión—un bebé después de la etapa cigoto y antes de la etapa de desarrollo del feto; los embriones tienen menos de 8 semanas de vida

el esperma—una célula de un hombre que puede unirse con el óvulo de una mujer para formar un bebé

el feto—un bebé antes de nacer después de 8 semanas de vida cuando los órganos se desarrollan

la pubertad—el tiempo en que el cuerpo de una persona cambia de niño a adulto

Sitios de Internet

FactHound brinda una forma segura y divertida de encontrar sitios de Internet relacionados con este libro. Todos los sitios en FactHound han sido investigados por nuestro personal.

Esto es todo lo que tienes que hacer:

Visita *www.facthound.com*

Ingresa este código: 9781429668941

¡Algo súper divertido! Hay proyectos, juegos y mucho más en **www.capstonekids.com**

Index

Índice